Corona

Corona

*** * * ***

Ved René Conscience

Foto © Tes rev inu

BOOKS ON DEMAND

Forsidefoto:René Anker Poulsen ©

Korrekturlæsning: Sofie Frølich Poulsen, Gitte Frølich

© René Conscience

Hjemmeside: renéconscience.dk

Forlag: Books on Demand GmbH, Hellerup, Danmark
Tryk: Books on Demand GmbH, Norderstedt, Tyskland
ISBN 978-87-4301-601-4

INDHOLD

Verden bløder....

Verden bløder
En sygdom uden fødder
Kender ikke grænser
Fodfæste i fjern og nær

Social kontakt, stand-by
Konfirmationer, nej nej
Kram og kys
Tændt det røde lys

Må forbinde os
I kærlighed, ikke trods
Usynlig for virus
Ligesom som en trylletusch

Sætte sejl i tålmodighed
Fjerne angstens sved
Overgive os i fred
Ankre op på regnbuens bred

Drøm....

Verden er i vortex
Betinget refleks
Dig selv nærmest
Det vilde vest

Samfundet beskytter
Færre og færre nærvær
Isolation i eget selskab
En gevinst eller tab

Tid til reflektion
Falde ind i troen
Noget større guider
Menneskets rejser

I drømme er du fri
Det kan du li'
Verden en drøm
Vågn op af din søvn

Sommertid....

Sommertid
Sneen hvid
Covid-19
Usynlig smitten

Alle bange
Betændte tarme
Massehysteri arme
Kapitalismens arne

Kurver deler vande
Alt kan hænde
3.verdens lande
Ven eller fjende

Solen healer
Naturen beskytter
Erkendelse opløser
Kærlighed reder

Konkurs....

Konkurs
Diskurs
Tristhed
Vare ved

Værnemidler
Forsvinder
Opløsning
Ingenting

Sygt samfund
Lukket mund
Smittebærer
Hvad kan vi lære

Penge ikke alt
Smitte fravalgt
Kærlighed blomster
I hver især

Fængsel ....

Ingen nærkontakt
Alle sagt ja til kontrakt
Syge hjælper syge
Hvem er de nye

Vaske hænder
Styrelsen udsender
Krigserklæring
Kurvers forværring

Hvad skal vi tro
Kineserne faldet til ro
Naturen sender en besked
Menneskerne bliver ved

Skaber vores egne fængsler
Frygt undertrykker længsler
Erkendelse i kærlighed
Vil skabe balance, fred

11

Kan vi styre os....

Samfundet åbne op
Nogle glade, nogle stop
Småbørnsforældre job
Senere følger vi trop

Kun hvis vi styrer os
Ikke mødes på trods
Grønne kurve giver los
Festivaler dog uden os

Corona's virus gen
Har solidt plantet sine ben
I verden, som eksem
Travlhed hos manden med leen

Håb, tro gennem krise
Vil give mange lise
For de vise
Stilhed og overgivelse

Hjertet kalder....

Proforma, corona
Performer, cirkulær
Usynlig, ingen sti
Fodspor, ukendt jord

Virsir, 3D lir'
Hjemmebrændt, Stevns skrænt
Konglomerater, i retræter
Penge i røg, lugten af møg

Professorer, for store
Kalkulationer, intet værd
Mennesker lune, immune
Systemer, problemer

Krise, hvad vil den vise
CO_2, brug for ro
Naturen, en ven
Ny tidsalder, hjertet kalder

Tanker....

Tanker her, tanker der
Lige nu fler og fler
I luften, i hovedet
Astro mange, flere end vi troede

Tanker om alt
Fra frihed til bage salt
Hvad skal barnet hedde
Alt muligt, bare ikke frede

Vil vi alle overleve corona
Surt show, hvis ingen lærer
Noget om vores tanker
Sundhedspersonale, hjertet banker

Tanker skaber progression
Flot bil og million
Stilhed er fred
Den lykkelige skal intet sted

Søndag....

Søndag....syndens dag
Hygge med hjemmebag
Lidt flæsk og flødeskum
Give slip på trummerum

Søndag.... slap af dag
Læse en bog, ingen sag
Reflekterer over corona
Kina, Rusland, USA

Søndag.... havens dag
I flow med jordens lag
Freden breder sig
Naturens tidløse vej

Søndag.... kærlighedens dag
Være tilgivende, give slip på nag
Mærke styrke i noget som altid er
I balance uanset det omskiftelige vejr

Corona 2.0....

Et chok gennem befolkningen
Et år uden kys og krammen
Permanent angst ud af hændelsen
Mødes uden at være sammen

Andre lande drastiske tiltag
Overvågning på telefon
Nat og dag
Smitte må ikke blive en tyfon

Danmark forsigtigt i Norges fodspor
Teknikken driller, siger de
Slut med tillid til det talte ord
Lover appen bliver frivillig

Børn og hjemløse får det ikke
Hvad er det de ved, andre ikke ved
Hvad er der i deres drikke
Kærlighed er deres hemmelighed

Hvem vil tabe....

Store tab i butikker
På faste klinikker
Mange der panikker
Men er vi nu sikker

Vi åbner mere op
Nogle siger stop
Af eller på med prop
Dilemmaer i krop

Nye måder opfindes
Tabte tilbagevindes
Mon løsningen findes
Inden verden tvinges

Til tvangs vaccinering
Medicinalfirmaers bling bling
Eller vil vi slå et sving
Forstå naturen ikke er en ting

Storcenter....

Storcenter bløder
Små butikker slå rødder
Politikkerne slår i grøden
Mens Ikea skummer fløden

Det kræver penge at overleve
Staten kassebeholdning forsvinde
Skal vi åbne og chance
På corona balance

Hvad er et storcenter
Besøg med køb alle forventer
Hvad nu hvis lyst til køb er væk
Bevidsthed fylder julemandssæk

Naturens storcenter altid åben
Frisk luft, virkelig liv startede med dråben
Mærk dig selv, syng en fællessang
Intet tilfældigt, jordens smukke gang

København....

Luften er ren, solen skinner
Stilhed, ingen let påklædte kvinder
Hvor er de alle henne
Kun de hjemløse er at finde

Ingen glade børn, tomme gader
Ingen ny grafitti på facader
Hvor er de alle henne
Kun den harmonika spillende at finde

En banner " det var livet før, der skabte corona"
En hipster med nyfarvet rødt hår, "uha da da"
Hvor er de alle henne
De mest begærlige unge i kø, at finde

Storkespringvandet i dvale
Vingeskudt svale
Som en limbo blomst inden den springer ud
København, vi kaster kærlighed i dine skud

Taknemmelig....

Når smitten kommer
er jeg glad for jeg ikke er smittet
Når grænsen lukker
er jeg glad mit hjem er åbent
Når butikker og cafeer lukker
er jeg glad for jeg kan lave mad
Når institutioner lukker
er jeg glad for jeg kan klare mig på nettet
Når nogle dør, er jeg ekstra glad
for de nye børn der bliver født
Når nogle mister deres job
er jeg glad for at bo i Danmark
Når nogle taber penge på aktier
er jeg glad for jeg ingen har
Når nogle taler om smitte overvågning
er jeg glad for nogle ikke gør
Taknemmelighed har kun et ansigt
kærlighed uden pligt

2. åbning....

Så er Danmark igang igen
Meget åbner, tættere til ven
Corona, en åbenbaring
Eller en forbigående ting

Caféer, slow start
Mere plads, rart
Penge skal bruges
Hvis de små ikke skal opsluges

Stadig ingen turister
Må vente lidt med euro vejr
Ny kur er på trapperne
Redder liv inden begravelse

Kulturen skal blomster igen
Dog stadig kun en meter til ven
Er folk blevet klogere
Kærlighed fremfor ussel mammon tåger

Tilbage til normalen ....

En tid er gået
Mange regler nået
Smittetryk i opløsning
Lettelse og opsving

Kronikker stadig svært
Nu må vi få det lært
Alle har sag
Flere krav dag for dag

Pengene forsvinder
Direktører røde kinder
De arbejdsledige i gang igen
Tilbage til normalen, vind- vind

EU samles i fælles gæld
Turismen åbnes, grænser farvel
Alle ønsker sig tilbage til normalen
Men vil corona acceptere kabalen

Sommer....

Sommeren er kommet
Fuglene pynter sig, så net
Spejler sig i solens skær
Den smukke sang fra en Stær

Men alt er ikke som det plejer
Børnene holder afstand, når de leger
Butikker og restauranter konkurs
Hvem er de næste turs

Lidt glæde på vej
Grænserne åbner sig
Så kan vi tager på ferie igen
Vores børn få en ny fremmed ven

Regeringen vil overvåge virus
Med en lille chip i vores hus
App på telefonen
Hvor er vi på vej hen

Vi troede lige....

Vi troede lige der var styr på corona
Havde passet på hinanden hver især
Men nye udbrud på plejehjem
Muligt selv i toppen, hos nordjyden

Vi troede lige verden var åben, sikker igen
Begyndt at lægge planer, hvor vi ville tage hen
Forsøge undgår, at bliver appet af systemet
Bevare sunde fornuft, fri af smittetrykket

Vi troede lige, alt skulle blive normalt igen
Flyve, køre benzin bil, brænde CO2 af i atmosfæren
Tilbage til tidspres, planer og vigtige ting
Holde weekend, fyrer den af med bling, bling

Vi troede lige Kina havde fået styr på den
Men selv halvdelen af kineserne frasagde sig appen
Måske et kim til håb for verdensbefolkningen
Verden vil samles i fred og kærligt sind

Vaccine ....

Corona skulle være slut
I stedet lurer den hvet minut
Skelner ikke mellem fattig og rig
Mundbind på, ellers kigger den forbi

Menneskerne leder efter en vaccine
Så vi igen kan le og grine
Men vil den ændre noget
På lektien mange har forstået

En vaccine for mod og mangfoldighed
Ville sprede kærlighed ethvert sted
Glæde over nære ting
I stedet for at samle penge og bling bling

Menneskene må tage en dyb indånding
Have tillid til dem selv, ikke ting
Stille spørgsmål, i stedet for at søge svar
Så vil mange finde ro, bevidstgøre sig gennem A-HA

Tak til den evige kreative kraft der aldrig mister modet